MILAREPA

Dados Internacionais de Catalogação na Publicação (CIP)
(Câmara Brasileira do Livro, SP, Brasil)

Leloup, Jean-Yves
  Milarepa : os ditos do Monte Kailash : as três vias no budismo e no cristianismo / Jean-Yves Leloup ; tradução de Monica Stahel. – Petrópolis, RJ : Vozes, 2024.

  Título original: Milarepa: les dits du mont Kailash.

  ISBN 978-85-326-6656-7

  1. Budismo – Ensinamentos 2. Cristianismo - Relações – Budismo I. Título.

  23-179154   CDD-294.3923

Índices para catálogo sistemático:
1. Budismo tibetano : Doutrinas : Religião 294.3923

Eliane de Freitas Leite – Bibliotecária – CRB 8/8415

Jean-Yves Leloup

MILAREPA

Os ditos do Monte Kailash
As três vias no budismo
e no cristianismo

Tradução de Monica Stahel

Petrópolis

© Éditions Almora 2020

Tradução do original em francês intitulado *Milarepa: Les dits du mont Kailash. Suivi de: Les trois voies dans le Bouddhisme et le Christianisme*

Direitos de publicação em língua portuguesa – Brasil:
2024, Editora Vozes Ltda.
Rua Frei Luís, 100
25689-900 Petrópolis, RJ
www.vozes.com.br
Brasil

Todos os direitos reservados. Nenhuma parte desta obra poderá ser reproduzida ou transmitida por qualquer forma e/ou quaisquer meios (eletrônico ou mecânico, incluindo fotocópia e gravação) ou arquivada em qualquer sistema ou banco de dados sem permissão escrita da editora.

CONSELHO EDITORIAL

Diretor
Volney J. Berkenbrock

Editores
Aline dos Santos Carneiro
Edrian Josué Pasini
Marilac Loraine Oleniki
Welder Lancieri Marchini

Conselheiros
Elói Dionísio Piva
Francisco Morás
Gilberto Gonçalves Garcia
Ludovico Garmus
Teobaldo Heidemann

Secretário executivo
Leonardo A.R.T. dos Santos

PRODUÇÃO EDITORIAL

Aline L.R. de Barros
Marcelo Telles
Mirela de Oliveira
Otaviano M. Cunha
Rafael de Oliveira
Samuel Rezende
Vanessa Luz
Verônica M. Guedes

Conselho de projetos editoriais
Isabelle Theodora R.S. Martins
Luísa Ramos M. Lorenzi
Natália França
Priscilla A.F. Alves

Editoração: Maria da Conceição B. de Sousa
Diagramação: Victor Mauricio Bello
Revisão gráfica: Lorena Delduca Herédias
Capa: Lara Gomes

ISBN 978-85-326-6656-7 (Brasil)
ISBN 978-2-35118-432-5 (França)

Este livro foi composto e impresso pela Editora Vozes Ltda.

Sumário

Milarepa, os "ditos" do Monte Kailash 7

Budismo tibetano e cristianismo ortodoxo – As três vias 55

Milarepa, os "ditos" do Monte Kailash

Introdução

Ao lado de um estudo mais fundamentado da tradição tibetana e da tradição cristã, seria possível entrar em *ressonância*[1] com os poemas de Milarepa e viver nessa abertura, abertura essa que nos conduz para além das formas assentadas do budismo e do cristianismo na intuição ou na intimidade de "O que tem todos os nomes e que nenhum nome pode nomear", o Espaço infinito e invisível?

Nessas ressonâncias ou ecos, reconheceremos em filigrana uma teologia trinitária e apofática que renuncia a suas explicações, como Sócrates que em seus últimos poemas

---
1 Para contextualizar a palavra ressonância, remetemos o leitor à nota 10 [N.E.].

renuncia aos discursos e prefere o canto "oferenda musical", que profetiza o silêncio. Assim é com os poemas de Milarepa: assumem os mais rigorosos e mais vigorosos tratados do Vajrayana, mas daquela couraça espessa mantêm apenas uma túnica de algodão que profetiza a nudez sempre próxima, o Aberto de que se tornou a testemunha incomparável.

Por ocasião de minha peregrinação ao Monte Kailash, a escuta de certos poemas de Milarepa deixou-me boquiaberto, de olhos arregalados, sem nada ver, impossibilitado até de olhar alguma coisa...

De fora, decerto teriam me tomado por um "louco da aldeia", em estado de hebetude mais do que de beatitude, mas o que importa a beatitude se não há ninguém para usufruir dela e o que importa se não há ninguém ou se há alguém: já não há haver...

Milarepa tem calor, com sua túnica de algodão, quando todo o mundo tem frio com seu casaco de pele; quando todo o mundo se asfixia ou sufoca, ele respira à larga, porque é ardente, e nós somos gelados.

De onde vem essa Respiração, esse calor?

Do "domínio do nada", diz ele, mas não se domina "nada", quem pretenderia conter o vazio sem antes ser contido por ele?

Milarepa utilizou tantas técnicas antes de descobrir que não havia técnicas; não se aquece o sol com fogos de palha, não se capta a Respiração com *pranayamas*, não se contém o espaço sem deixar nele toda a sua argila e todas as suas penas...

1

Alcançar o Espaço é cessar de "fazer um esforço" para captar o que está sempre presente.

> Quando medito sobre o grande Mahamudra,
> estou sem esforço, na natureza última.
> Estou distendido, no espaço imperturbado,
> e banhado de claridade, no espaço-vacuidade.
> Sou pura consciência, espaço-felicidade,
> e permaneço sereno, sem pensamento algum,
> vejo a igualdade, no espaço variado.
> E, nesse momento, essa própria natureza
> infinitamente desfralda muitas certezas,
> reflete sua claridade e sua atividade
> realiza-se por si mesma, de maneira espontânea.
> Absolutamente nada espero, e por isso bem-aventurado sou!
> Já não tenho esperança, já não tenho medo, sou feliz sem ambos!
> Minha confusão tornou-se grande sabedoria,
> meu espírito está alegre, e meu coração está feliz!
>
> Milarepa

Viver na terra como no céu

Vivemos na terra, somos feitos, como ela, de matéria, de poeiras que retornarão à poeira, poeiras de estrelas, poeiras de átomos, poeira de poeira, tudo é poeira...

Na luz, essa poeira toma forma, toma corpo, dura tanto quanto dura sua dança, o tempo de tomar consciência da luz.

A luz é o Espaço tornado sensível, assim como a noite, a noite sempre transparente, também é Espaço tornado sensível.

O essencial é o Espaço, o Espaço insubstancial que contém tudo, a terra, a forma, o corpo e a dança das poeiras, a luz...

Tudo está nele, por Ele, para Ele...

Tudo está no céu, tudo existe, tudo vem do céu, tudo nasce Dele – o visível nasce do Invisível.

Tudo é por ele, sem ele não haveria forma, é o infinito do espaço entre os átomos e no centro dos átomos que lhes dá forma, sem Espaço não há inter-relações possíveis.

O céu ou o espaço é o meio de todos os possíveis.

"O Reino dos Céus está dentro de nós", de que experiência se trata?

A experiência do Espaço, na terra, na matéria, em nosso corpo. Nosso corpo não é somente um corpo sólido, uma matéria, é também um corpo líquido, uma energia, é igualmente um corpo gasoso, nebuloso ou vaporoso: uma informação, porém mais ainda, é um "espaço", mas é possível falar "de um" espaço no Espaço? Ele é o Espaço.

É esse corpo/espaço ou sem limites (*aïn sof*) que temos a descobrir. Quanto a este, ele não nasce, nem morre, nem existe, nem não existe.

A evidência do espaço ou a evidência do Invisível que está à frente e atrás dos nossos olhos é nossa experiência primeira, a experiência fundadora de nosso despertar e de nossa liberdade[2].

Basta abrir ou fechar os olhos.

---

[2] Cf. LELOUP, J.-Y. *L'Evidence de l'Invisible*. Arles: Actes Sud, 2018.

Olhar a luz no interior e aceitar nada ver.

O espaço que está em nós ao primeiro lançar de olhos é invisível e infinito, em seguida nossa mente enche-o de pensamentos, de memórias, de sentimentos e de emoções, esses ornamentos às vezes nos escondem a nudez e a vacuidade do Espaço, mas na realidade não escondem nada, com um pouco de atenção vemos que ele continua ali e que o essencial, o insubstancial que somos nada é que se veja.

Olhar a luz no exterior, ao primeiro olhar vemos que o Espaço está ali, bem diante de nossos olhos, e que ele é invisível e infinito (é o que os antigos denominaram Deus, *Dies*, o Dia, sendo o dia tudo o que não se vê e que está sempre ali...), depois deixamos esse espaço infinito, sem limites (*aïn sof*) encher-se de aparências, casas, paisagens, animais, rostos humanos etc.

Gritos, cantos, lágrimas, palavras enchem também o silêncio; assim, novamente, os ornamentos parecem esconder a nudez e a vacuidade do espaço, a terra, o mundo parecem tomar o lugar do céu. Mas, se olharmos um pouco mais detidamente, bem diante de nossos olhos, o Espaço infinito, invisível, continua ali e é o mesmo espaço que aquele que contemplamos no interior de nós mesmos, há apenas um único Espaço, uma Realidade única que contém o interior e o exterior. Não há nem dentro nem fora no espaço. A terra está no céu, o céu está na terra, nada os separa a não ser nossa cegueira ou nossa ignorância, "doenças dos olhos"[3] que nos impedem de ver o que é, o que é assim, terra – céu, forma e sem forma, espaço/corpo, nós somos Isso.

---

3 Cf. LELOUP, J.-Y. *De Nietzsche à Maître Eckhart*. Paris: Almora, 2016.

2

As criações do espírito – positivas ou negativas – podem ser consideradas não obstáculos, mas "ornamentos" do Espaço.

> Tomar os demônios por demônios, eis o perigo.
> Saber que eles não existem, eis o caminho.
> Compreendê-los "tais como são", eis a libertação.
> Reconhecê-los como pai e mãe, eis seu fim.
> Admiti-los como criações do espírito
> e eles se transformam em ornamento.
>
> Milarepa

Não dualidade bíblica

Não há duas potências, a do bem e a do mal, Deus e o diabo.

Há um só princípio, um só criador de tudo o que existe, de tudo o que consideramos bem ou mal. Há uma só Potência, e "Deus viu que isso era bom".

O diabo é uma criatura e como tal é bom que ele exista, ele tem sua função, é "um funcionário de Deus", uma das manifestações iradas ou crispadas de sua potência...

Cristo veio nos salvar do medo do diabo e dos demônios, lembrando-nos de que havia uma só potência, a de seu Pai em tudo e em todos. O Si mesmo é maior e contém o ego, "o que está em você é maior do que o que reina sobre o mundo". Deus é maior e contém seu adversário, adversário quando a criatura quer se opor ou ignorar seu criador. O diabo é mentira já na origem, ilusão, que só aparece quando nossa mente já não é orientada para o único bem e único necessário. Essa desorientação, esse esquecimento do Ser/Uno, por quem tudo existe, cria a dualidade, essa dualidade existe para nos "tentar", nos "testar", "onde está nossa fé"? Ou seja, nossa adesão ao Real que está ali, presente, não há nada além do Real, e o Real é Deus.

Tudo o que imaginamos, fora, à frente, contra, não existe ou só existe na nossa mente e na nossa imaginação.

No Infinito, nada é separado, tudo está em tudo, tanto o bem como o mal são aparências, elas desaparecem no conhecimento do que as faz aparecer: a Consciência que era anterior à manifestação delas, e a manifestação delas não é senão uma aparição desse Consciência.

O despertar é entrar na unicidade do Real/Uno, essa única Consciência, manifestada e oculta, transcendente e imanente, visível e invisível, divina e humana,

Yeshua "verdadeiro Deus e verdadeiro homem" é a não dualidade encarnada.

3

Olhar o Espaço e o que ele contém

> Olho a abóbada azul lá no Alto
> e descubro súbito o vazio da realidade...
> Olho a lua e o sol ali
> e descubro súbito a luminosidade do espírito...
> Olho o pico da montanha acolá,
> e descubro súbito a concentração imutável...
>
> Milarepa

Olhar, olhar de verdade,

até ver apenas azul,

A consciência azul no âmago de todas as matérias cinzentas

O cérebro desobstruído,

o silêncio entre dois pensamentos,

o silêncio que acolhe todos eles,

que não se opõe a nenhum pensamento

mas não se deixa apanhar ou compreender por nenhum.

Olho o sol, a lua, tudo o que está aqui e ali,
sobretudo "descubro aquele que vê",
aquele que olha, aquele que vê antes do "aqui" e do "ali".
Meditar como uma montanha
obriga-me a tomar peso...
uma montanha de espaço
quem jamais medirá seu peso?
Quando estamos tão levemente aqui
reconhecemos nossa filiação ao vento forte,
engendrado no silêncio da respiração.

4

Ver que nada há para ver é ver o Espaço.

> Para a reflexão dos espíritos fracos,
> o Buda, o Onisciente disse: "Tudo existe".
> Ao passo que sob influência da verdade última,
> os demônios "obstrutores" e o próprio Buda
>   não existem.
> Não há meditante, não há objeto a meditar.
> Não há sinais de conclusão,
> não há etapas nem caminho a percorrer,
> não há sabedoria última, não há corpo de buda.
> Tampouco o nirvana existe.
> Tudo isso são apenas palavras, modos de dizer.
> Milarepa

Somos todos espíritos fracos, nossa resistência ao abismo nos dá a impressão de existirmos, mas um dia seremos empurrados não pela coragem, mas pela evidência, o raio levará todas as formas com que nos identificamos, não cairemos, já que não haverá fundo para nos deter.

O Infinito que é a verdade última contém todas as nossas quedas e todas as nossas ascensões, nossos Buda, nossos demônios, nossos Cristo, nossos deuses, nossos "você e eu"...

O Infinito não é um objeto a ser meditado, só se medita sobre o finito ou o particular.

O Infinito também não é um meditante.

A consciência infinita não pode ser consciência de alguma coisa, embora esteja sempre consciente de todas as coisas.

Neti neti dizia Cankara, *nada nada* dizia João da Cruz; nunca é isto ou aquilo, o infinito jamais pode ser realizado ou concluído, ninguém chega a ele, ninguém pode sair dele, nem êxtase, nem instase...

Por onde iríamos aonde estamos? Não há caminho, tudo é caminho.

Como haveria etapas?

O espaço não se dá gradualmente ou em pedaços, ou o respiramos ou não o respiramos, mas como poderíamos não o respirar e viver?

Falar de sabedoria última, de Deus, de Buda é não dizer nada ou dizer que são apenas palavras para acalmar nossa existência, acalmar o que não tem necessidade alguma de ser acalmado.

Nada há a mudar no que muda sempre.

Nirvana ou samsara, céu, inferno, qual é a fábrica de todas essas distinções?

A fábrica do tempo?

É uma boa hora, para o operário/mente, entrar em férias...

5

Tome o Espaço como exemplo

> Tomai o espaço como exemplo,
> meditai a ausência de centro, de limite!
>
> Tomai o exemplo do sol e da lua,
> meditai sobre a claridade e sobre a sombra!
>
> Tomai a montanha como exemplo,
> meditai sobre o que não se move nem se altera!
>
> Tomai o grande lago como exemplo,
> meditai sobre as profundezas insondáveis!
>
> Com a meta no espírito,
> meditai sem avidez nem desprezo!
>
> Milarepa

Meditar como o Espaço

nem centro, nem limite,

pôr Espaço em nossas mãos, uma imensa abertura que poderia conter tudo e que se alegra com a presença de uma outra mão, maior ou menor que a sua, que se alegra quando ela acaricia ou leva o fruto à boca.

Pôr Espaço em nossos olhos... ver infinitamente a árvore ou a folha que cai. O olhar nunca detido por aquilo que vê, nunca idolatra quando a beleza nos enche a vista ou a vaidade nos lança seu pó.

Pôr Espaço em nossa inteligência, manter nossa inteligência sem se ater a tudo o que sabe, sabemos tão pouco, e o que não sabemos é imenso.

Pôr espaço em nosso coração... O desejo que não se atém ao que ele ama, amar sem vontade de obter e sem medo de perder, sem apego e sem desapego, amar como o Espaço, infinitamente.

Meditar como um sol,
"tende um sol em vós" dizia Yeshua,
ele brilha sobre o ouro e sobre a imundície,
ele brilha sobre os bons, sobre os maus,
sobre os justos e os injustos...

Meditar como a lua; em sua claridade como a noite é bela e o rosto da criança adormecida, mais belo ainda! Há sombra suficiente no entorno para não esquecer seu mistério. A lua é a face pálida do sol.

Meditar como uma montanha

temos tempo,

a eternidade atrás e diante de nós.

Instalada serena, que o espaço lentamente erode.

Não há nada que não se mova nem se altere, fora a Consciência de tudo o que se move e se altera.

Meditar como o grande lago, ele reflete o céu e esconde sua profundidade, não conserva nenhum vestígio do mosquito ou da cegonha que passa.

Narciso, ao se debruçar sobre suas águas límpidas, só vê a si mesmo, se cair, verá apenas o lago, como ele, continuará "insondável".

Não podemos nos agarrar a imagens por muito tempo, o fundo da consciência, como o fundo do lago, alisa todas as nossas rugas.

O objetivo é o Espírito que já somos.

Nenhuma avidez nos pode pôr em busca, nenhum medo ou desprezo nos pode pôr em fuga, estávamos, estamos e estaremos sempre aqui.

6

Ver o que nos faz ver

> A vacuidade sobe ao espírito na visão.
> Não há elemento sutil nem substância no que nos faz ver.
> Quando findam aquele que olha e o que é olhado, surge então a realização da visão[4].
> A luminosidade da meditação assemelha-se ao correr do rio.
> Não há razão para escolher um tempo de meditação em vez de outro.
> Quando findam aquele que reflete e o objeto da reflexão, sobrévem a assiduidade da meditação[5].
> Aquele que realiza o que deve ser realizado, todas as coincidências são resolvidas no vazio e na clara luz.
> Quando findam o ator e o ato, aparece então o modo de comportamento[6].

---

4 Em tibetano, *ita-ba*; em sânscrito, *samatha*. Primeiro estágio da meditação: tomar consciência de sua própria condição, das coisas tais como são; desenvolver a paz e a calma mental.

5 Em tibetano, *sgom-pa*; em sânscrito, *vipâssana*. Segundo estágio da meditação: o da visão clara, transcendente, penetrante; a experiência do estado natural de seu próprio espírito. O senso da totalidade.

6 Em tibetano, *spyod-pa*. A aplicação dos dois estágios de meditação precedentes na conduta cotidiana: a experiência de shùnyata, a vacuidade que é abertura, liberdade, plenitude; a experiência da não existência da dualidade.

> Hesitações e escrúpulos se desvanecem no espaço.
> Os oito fenômenos mundanos, em público ou
>   em privado, não trazem esperança nem medo.
> Quando findam o protetor e o que deve
>   ser protegido, realiza-se então a sábia
>   observância dos votos tântricos.
> Em seguida ao que se cumpriu naturalmente,
>   para si e para os outros.
> Com a certeza de que seu próprio espírito é o
>   divino Corpo de verdade.
>
> Milarepa

O Infinito está sempre desperto, faz-se dia na visão.

O dia não tem substância, nem nêutrons, nem prótons, nem elemento sutil como a luz.

Temos mil e uma pálpebras a atravessar, antes de ver o dia que se faz há muito tempo.

O Despertar é um olhar sem pálpebras.

Uma consciência clara escorre como o correr do rio. Não se detém em nenhuma margem, nossos momentos de meditação são como areia levada por ela.

Meditar como um espelho à noite, ele nada mais tem a refletir,

Hesitações e escrúpulos, esperanças e medos

Quando nosso espírito está em silêncio, tudo isso se desvanece.

Deixar ser o Infinito e temos a certeza de que nada temos a buscar.

O Epaço/Deus continua presente.

7

Nem claridade, nem sombra

> O espaço do domínio inato existe em cada um,
> sem dentro nem fora, é o espaço do saber,
> sem claridade nem sombra, é o espaço da absoluta sabedoria,
> que se difunde e absorve tudo, é o espaço dos fenômenos[7],
> sem migração nem alteração, é o espaço da força criadora,
> sem ruptura de continuidade, é o espaço da experiência.
>
> Milarepa

O domínio inato não tem domínio, não se compreende o Espaço,

não ter compreensão, não ter apreensão e não ter controle, assim é o domínio.

O grande vencedor, assim como o Espaço, não luta, não tem vitória a conquistar, deixa florescer, deixa perecer tudo o que

---

[7] Em tibetano, *chos*; em sânscrito, *dharma*. Esta palavra é muito rica em sentido e inclui todas as concepções e percepções; o que sentimos, ressentimos, percebemos, tanto de bom quanto de mau.

cresce. A vida se nutre das mais antigas e das mais recentes podridões.

O Infinito não tem fora nem dentro, não há vida exterior e vida interior, basta a vida/una.

Quando essas oposições desaparecem, nossa meditação continua.

Se não houvesse claridade não haveria sombra, de onde nos viria a ideia do mal se não houvesse bem?

Talvez o bem e o mal sejam apenas ideias, pensamentos que passam ao ato.

Para aquele que se abriu para a eternidade, já não há dia e noite, apenas tempo que passa, tempo bom, tempo sombrio ou tempo enevoado, ele não se detém nas cores.

Ser convencido pelo Espaço

nem migração nem alteração,

nem contínuo nem descontínuo,

a experiência do Espaço não é uma experiência particular.

8

Sem esperança, sem medo, sem confusão

> Manifestação e vazio indiferenciados
> Resumem a visão[8]
> Claridade, ausência de imagens, atenção
> Resumem a meditação.
> Desprendimento, renúncia, ação sem reservas
> Resumem a atividade.
> Sem esperança, sem medo, sem confusão
> Resumem a realização.
> Igualmente em público e em privado, sem pretensão
> Resumem o voto
>
> Milarepa

Estamos cansados dos longos discursos,

procuramos resumos,

uma frase que diga tudo, uma palavra que nos ponha de joelhos;

pode-se resumir a visão?

---

8 Como a lua que se reflete em água muito pura, todos os fenômenos são ao mesmo tempo aparentes e vazios. Tema da meditação, essa não distinção das aparências e da vacuidade é a filosofia última do budismo, segundo Khenpo Y.C. Rinpoché.

O ato de ver, o ato de ser?

Manifestação e vazio indiferenciados,

alguma coisa e nada,

o espaço e as mil e uma coisas que aparecem no espaço,

Se você vê o visível "E" o invisível, você viu mesmo...

A meditação não se aprende nos livros e não há "curso de meditação" nem professor de meditação "com diploma".

A claridade, a inocência, que é a essência do olhar sem nenhuma representação ou projeção.

A atenção pura, percepção do ínfimo e do infinito, próxima do detalhe e do inatingível resume e amplia toda meditação.

Agir sem agir,

deixar ser o ato de viver.

Não há por que se apegar ou renunciar

Entregar-se sem reservas ao movimento da Vida que se dá.

A consciência sempre presente como o voo da águia que segue o curso do rio.

A realização está sempre em movimento,

o Infinito está sempre mais longe,

não a nada a ter nem a reter, nem a temer nem a esperar.

Onde nada se detém, nada é confuso.

Para quem fez o voto de ser, de viver e de amar...

Já não há exterior nem interior, pretensões públicas ou privadas,

há apenas consciência de ser, de viver e de amar.

9

O espaço não é um castelo de areia

Por causa de meu medo, no pavor construí um castelo,
foi o do vazio, o da realidade última.
Sua destruição, não a temo.

Por causa do frio, em meu medo procurei uma vestimenta.
Foi a do terrível calor místico.
O frio, não o temo.

Por medo da indigência, busquei a fortuna.
Descobri as sete sublimes riquezas inesgotáveis[9].
A pobreza, não a temo.

Por estar apreensivo com a fome, demandei alimentos para mim.
Comi na intensa contemplação da realidade.
A fome, já não a temo.

Na angústia e no tédio, busquei um amigo.
Foi a felicidade da corrente contínua da vacuidade.
A tristeza, não a temo.

Preocupado com o erro, busquei um só caminho,
encontrei a extensão da fusão dos caminhos.
O descaminho, não o temo.

Milarepa

---

[9] Em tibetano, *phags nor bdun*. Riquezas da fé, da disciplina, do dom, do estudo, da decência, da modéstia e da sabedoria excelente.

O medo é nossa resistência ao infinito,

é o que nos mantém "em forma"

Construímos castelos para nós, egos suntuosos e admiráveis que se revelam agregados mais frágeis do que areias.

Aquele cuja morada é o Infinito, quem poderia destruí-lo?

O próprio destruidor é um grão de areia no Infinito.

A faca fere minha carne, ela não atinge o espaço que sou

assim como o tempo racha e quebra minha moringa sem tocar o espaço que ela contém (e que a contém)

Acreditamos que a vestimenta nos protege do frio

como um corpo saudável nos protege da morte.

Mas, se o frio não for vencido no interior pelo "calor místico", ele atravessará a vestimenta.

Se a morte não for vencida a partir do interior pela "Vida mística", ela entrará em nosso corpo e o levará.

"Calor místico" ou "Vida mística" é o amor ardente que, tal como o arbusto ardente de Moisés, queima sem se consumir,

é a Vida eterna que ilumina cada instante.

O medo de faltar, o medo da falta, nos faz acumular tantas coisas inúteis ou necessárias, mas isso nunca é suficiente, a fome e a sede nos dizem: "mais"!

"Acumulem-se tesouros no céu, nem o ácaro nem o verme os furtarão"

Tesouros que ampliam o Espaço da bondade em nós

"Sete sublimes, riquezas, inesgotáveis"

A pobreza é não ter coração,

daquele que não ama, tudo é tirado,

àquele que ama, tudo é dado.

O medo de estar só nos angustia e nos entedia.

A alegria de estar só nos abre e nos desabrocha

Por que procuramos amigos? Para preencher nossa falta ou para compartilhar nossa plenitude?

Os dois, decerto

Quando estamos enamorados pela corrente infinita da Vida que se dá em nós, através de nós, já não há tristeza, a tristeza de não viver de verdade, de não saber estar só, felizmente.

Sempre inquietos estamos em busca.

Buscamos a verdade, o Despertar

como se o dia não estivesse ali, à frente e atrás de nossos olhos

buscamos a unidade, o Uno

como se uma coisa pudesse ser separada de outra.

Tudo é inter-relação, manifestação do Real
   infinito e Soberano.
Para a mente tranquilizada.
já não há descaminho,
já não há caminho,
tudo é caminho.

10

Pouco me importa que seja ou não seja

O não nascido uma vez identificado com o Corpo
 de verdade,
o natural fundiu-se nesse divino Corpo.
Pouco me importam as visões altas ou baixas,
o espírito em sua autenticidade é felicidade
 para mim.

A natureza do espírito é o vazio e a claridade.
Uma vez essas características identificadas
 com a sapiência,
o natural se fundiu no original.
Pouco me importam minhas boas ou más
 meditações,
o espírito em sua autenticidade é felicidade
 para mim.

Os sentidos e seus objetos cintilam por si
 mesmos.
Uma vez identificada a ausência de dualidade
 entre sujeito e objeto,
a felicidade, o pesar se mesclaram em um.
Permanecendo no domínio do primordial,
pouco importa que algo seja ou não seja a
 atividade.
O espírito em sua autenticidade é felicidade
 para mim.

Milarepa

Sejam quais forem meus pensamentos,

o simples fato de estar consciente é felicidade para mim.

Acaso posso ver alguma coisa

que não esteja na minha consciência?

Nada pode estar fora do Infinito, nada pode estar ao lado do Espaço

Tudo o que se pode perceber é uma ilusão, um ornamento, uma representação, cada um tem palavras diferentes para dizê-lo positivamente, negativamente ou silenciosamente.

Só o ato de perceber não é uma ilusão, um ornamento, uma representação...

É possível conhecer o universo sem conhecer a si mesmo e é trabalho perdido pois é o observador que modela o observado, por isso Sócrates e todos os sábios nos dizem "conhece a ti mesmo e conhecerás o universo e os deuses".

Mas conhecer-se é descobrir-se incognoscível.

Só a Consciência conhece a si mesma e dá forma a todos os universos e a todos os deuses.

A natureza da consciência é vacância e claridade.

Deixar ser sua verdadeira natureza, ser natural, é permanecer em vacância. Andar e conhecer todas as coisas na luz, ser uno com tudo, se isso não é o Amor, assemelha-se a ele...

Tudo isso é impossível e necessário e nós amamos o impossível, sua necessidade nos torna livres de tudo o que é possível.

Equivale a dizer que o impossível nos mantém sempre vivos e no Aberto.

Uma vez que identificadas a ausência de dualidade e a ausência de unidade, já não há felicidade, nem pesar, nem movimento, nem imobilidade, o espaço da consciência para além da felicidade e da infelicidade dá acesso a essa leveza do grande natural.

Tudo é simples, respiração e silêncio.

11

> Vasta peregrinação dos seres realizados, lugar
> de uma concentração infinita e jubilosa,
> mais maravilhosa não há;
> mais espantosa, não há nada.
>
> Milarepa

– Vasta peregrinação

a de nossa realização,

muito vasta peregrinação

a da nossa superação.

É no tremor,

no transpor de nossos limites

que o infinito do Espaço

enfim se revela...

Ó maravilha,

ó milagre,

Transposto, mantenho-me ainda em pé

escuto em minha respiração

a Vida,

a grande Vida que caminha.

– Depois da peregrinação da realização e da vastíssima peregrinação da superação, vem então a peregrinação mais tranquila do espanto...

Após saborear no esgotamento a impermanência e a fragilidade do que somos, podemos nos espantar por ainda estarmos presentes...

Cavalgar o cavalo de vento – pôr um passo adiante do outro – escutar as fontes, respirar com a montanha, é suficiente...

Caminhamos rumo a nosso repouso ou
nosso despertar,

o Espaço está ali, desde sempre,

ainda não o realizamos!

– "Que asas são as tuas, ó viajante no Espaço?", me perguntas:

As montanhas se desgastam, nosso monte sagrado, eixo do mundo.

Monte Kailash

desaparecerá,

só permanece o Espaço invisível, invencível onde se mantém

por um tempo, por um pouco mais de tempo, ereto...

Puro cristal, graça e gelo de neves.

A Terra-Grande, nossa mãe adorável

perece incessantemente,

nem sempre existiu, nem sempre existirá.

Só permanece o Espaço invisível, invencível

em que por um tempo, por um pouco mais de tempo,

ela continua a girar,

a rodopiar, para manter unidas suas poeiras...

As águas límpidas secam,

envelhecem os humanos pobres e os ricos.

Desaparecerão todos

e, com eles, todos os amores e todos os deuses que eles criaram para consolar sua ignorância ou sua solidão.

Só permanece o Espaço invisível, invencível em que eles viveram violentamente, inutilmente... ou melhor:

ternamente, graciosamente, gratuitamente...

Tudo o que nasceu, foi feito, foi composto será desfeito, decomposto.

Só o Espaço, não nascido, não feito, não composto, não pode desaparecer.

Essa é a verdade última, ó amigo,

a que vês quando nada detém teus olhos,

quando nada obstrui teu espírito...

– De que modo melhor conhecer esse Espaço invisível, invencível, não nascido, não feito, não composto, no qual aparecem as mil e uma coisas, os imensos universos perecíveis?

Conhecerei dele mais do que um pressentimento, Ó sábio vestido de algodão?

Se teu espírito está em silêncio,

se teu coração está em silêncio,

se teu corpo está em silêncio,

conhecerás esse Espaço invisível e invencível...

Esse Espaço está em ti, está fora de ti,

E tu és Isso, ó meu amigo,

discípulo da altitude e do vento.

Se teu espírito está em silêncio, entrarás no claro silêncio do espírito, e é isso o despertar.

Se teu coração está em silêncio, entrarás no claro silêncio do coração, e é isso a compaixão.

Se teu corpo está em silêncio, entrarás no claro silêncio do corpo e é isso a calma bem-aventurada.

O claro silêncio, o infinito do Espaço, essas são minhas asas, ó amigo, elas me conduzem aonde meu corpo, minha palavra, meu espírito podem ser úteis, por um tempo, um pouco mais de tempo, para o despertar e o bem-estar de todos os vivos que

ainda não viram o Dia em que caminham,
o Espaço onde tudo se realiza, se supera e se espanta,

    o Espaço infinito, invisível, invencível que somos, ó amigo, ó discípulo de olhos nevados,

por um tempo, um pouco mais de tempo...

12

O Espaço é sem colo

 em que eu possa consolar minha infância,
 não tem rosto, em que eu possa confiar minha solidão.
 Somos feitos, de fato, para o infinito?
 "O logos se fez carne"
 O infinito se fez finitude para amarmos nossa finitude,
 para amarmos nosso ser mortal,
 mas amar nossa finitude não é nos fecharmos na finitude
 nem nos comprazermos nela

Amar nosso ser mortal não é nos identificarmos com o que deve morrer; amar é abrir nossa finitude para o Infinito, abrir nosso ser mortal para o que não pode morrer, pois isso jamais nasceu, é fazer frutificar nossa finitude, que ela se torne vinha que traz muitos frutos, glória da Vida que a engendra.

O Espaço é sem colo, ele não é sem consciência, é em sua luz que consolo minha infância e encontro a inocência que sou e que nunca tive.

O Infinito é sem rosto, mas ele me olha em todos os rostos, me dá seu sabor no menor dos figos, na menor das laranjas.

O Infinito se faz sentir no abraço multiforme de minha solidão.

Minha solidão, essa ipseidade intangível aberta aos quatro ventos, essa abertura sem dúvida me dilacera, mas é através dessa laceração que ela me faz céu.

O infinito se fez carne, numa carne falível a fim de que através dessa falha sua luz e seu espaço invisível continuem a brilhar.

Por que um corpo que se tornou janela seria menos corpo?

A transparência não tira nada do corpo nem lhe acrescenta nada, ela faz dele uma evidência sensível,

De quê?

De quem?

Do Si, da Consciência sem dúvida,

e de mais ainda?

Budismo tibetano e cristianismo ortodoxo

As três vias

Reflexões em torno dos "Três Yanas" ou "Três veículos", segundo a tradição budista tibetana, em ressonância[10] com as tradições cristãs e diversas "percepções" do Real (ditos científicos ou filosóficos)

---

10 No francês, *mise en résonance* (literalmente, "colocado em ressonância") não é comparação, julgamento, exclusão, recuperação nem sincretismo, mas *eco* entre duas humanidades reconhecidas em suas diferenças, que procuram compreender-se – *prolegômenos* – num diálogo das hermenêuticas.

Diálogos das hermenêuticas ou Diálogos das filosofias do mundo

O século que nos antecede insistiu no "conflito das hermenêuticas" (cf. P. Ricoeur). Acaso esse conflito não é o ponto de partida de um verdadeiro "diálogo das hermenêuticas"; ou seja, de nossas representações do mundo reconhecidas (sem relativismo) como "representação", e não como "verdade" do mundo?

Como todo diálogo, este é condicionado pelos diferentes graus de atenção ou qualidades de Escuta dos interlocutores.

A visão de mundo de cada um reflete a qualidade e a capacidade de seu olhar e de seus "instrumentos" de compreensão...

Não são dois mundos, duas religiões ou duas filosofias que se confrontam ou que dialogam, mas dois ou vários níveis de percepção, de atenção, de compreensão, de contemplação ou de Escuta...

Um texto de Gampopa, sábio e filósofo do Tibete (século XII) parece-me ilustrar bem essa colocação[11]:

As dez melhores coisas:

1) Para um intelecto fraco, a melhor coisa é fiar-se na lei das causas e dos efeitos.

2) Para um intelecto passável, a melhor coisa é reconhecer, ao mesmo tempo em si e fora de si, o dinamismo da lei dos opostos.

3) Para um intelecto superior, a melhor coisa é compreender plenamente que o sujeito do conhecimento, o objeto do conhecimento e o ato de conhecer são indissociáveis.

---

[11] Excerto de uma coletânea em que Gampopa registra por escrito a essência de uma tradição oral ininterrupta a partir do século VI através de Naropa, Marpa e Milarepa, para citar os últimos dos que dariam origem à linhagem dos Kaigupta. Este texto foi traduzido para o inglês por Kazi Darwa Samdup e publicado na Inglaterra em 1931 por Evans Wentz.

4) Para um intelecto fraco, a melhor meditação consiste numa concentração total da mente num objeto único.

5) Para um intelecto passável, a melhor meditação consiste numa concentração ininterrupta da mente em dois conceitos dualistas (a aparência e a realidade de um lado, a consciência e o espírito do outro lado).

6) Para um intelecto superior, a melhor meditação consiste numa quietude mental, com o espírito livre de qualquer processo de pensamento, sabendo que aquele que medita, o objeto de meditação e o ato de meditar constituem uma unidade indissociável.

7) Para um intelecto fraco, a melhor prática espiritual é viver em estrita conformidade com a lei das causas e dos efeitos.

8) Para um intelecto passável, a melhor prática espiritual é olhar todas as coisas objetivas como se fossem as imagens de um sonho ou de uma produção mágica.

9) Para um intelecto superior, a melhor prática espiritual é permanecer livre de todo desejo e de toda empreitada mundana, considerando o infinito do espaço no qual todas as coisas aparecem e desaparecem.

10) Para os três níveis de intelecto, a melhor indicação do progresso espiritual é a diminuição progressiva das paixões obscurecedoras e do egoísmo.

Assim, para Gampopa, "a melhor coisa" ou "o melhor dos mundos" para pensar e para viver depende da qualidade de nosso intelecto. Se há diálogo entre as diferentes filosofias do mundo, só pode ser entre intelectos conformes, que compartilhem segundo sua capacidade uma mesma representação do mundo; caso contrário, não havendo compartilhamento do mesmo tipo de intelecto, haveria conflito...

A questão aqui seria: "Como fazer dialogar um intelecto fraco e um intelecto superior?"

Eles não vivem no mesmo mundo e cada um decerto considera "Real" o mundo que seu grau de atenção ou sua qualidade de Escuta lhe revela.

Para Gampopa, o que é um intelecto fraco?

É alguém que utiliza o cérebro da maneira mais comum – vê o que vê, ouve o que ouve, observa o encadeamento das causas e dos efeitos –, para ele, a lei de causalidade é a Lei: há uma causa e um fim para tudo. É lógico, portanto é verdade – é explicável, portanto existe – o que não se explica racionalmente não existe.

O intelecto é lógico, eficaz, obedece ao princípio de não contradições – todo terceiro é excluído. O mundo é o mundo conhecido pelos sentidos e pela razão, nada mais.

O diálogo pode começar nesse nível – então é um diálogo de "cientistas"; exige o compartilhamento de observações mais ou menos refinadas e parece não se preocupar com hermenêutica ou interpretação...

É essa sua ilusão, sem dúvida, pois, como se sabe: "O objeto é modificado por quem o observa" (cf. princípio de incerteza – Heisenberg).

A grandeza de um "intelecto fraco" e sua lucidez seriam, portanto, reconhecer que o que ele observa como lógico e "científico", o encadeamento inevitável e irrefutável das causas e dos efeitos, não é o Real, mas sua interpretação, sem dúvida, é a condição para continuar o diálogo com "um intelecto passável"...

O que é um intelecto passável para Gampopa?

É um intelecto capaz de captar os contrários como complementares, não submetidos à lei de não contradição; sensível à presença do "Terceiro incluído" e, em sua relativização da lei da causa e do efeito (o carma), aberto para a dimensão a-causal de determinados acontecimentos (sincronicidades) e talvez do próprio universo...

Um intelecto para o qual "a melhor coisa" é reconhecer ao mesmo tempo em si e for de si – o dinamismo da lei dos opostos; da lei de Enantiodromia (cf. Heráclito – cada coisa se transforma em seu contrário), nada no universo lhe aparece como estático, tudo está em transformação, tudo parece manifestar uma "dinâmica" e uma "lei de interdependência", nada existe em si, por si ou para si... "cada um é feito de todos os outros"...

Entre intelectos "passáveis" o diálogo das hermenêuticas e das filosofias do mundo já não procede por conflitos sucessivos que deveriam ser resolvidos logicamente ou racionalmente, mas, antes, por enriquecimento mútuo de visões diferenciadas de um Real fluente e alternante, não passível de ser captado porque sempre em movimento...

O diálogo, aqui, poderia nos levar a mergulharmos juntos na corrente...? Seria isso atingir o intelecto superior? Aquele que compreende "plenamente" que o sujeito do conhecimento, o objeto do conhecimento e o ato de conhecer são indissociáveis?

Eis que somos conduzidos ao solipsismo primeiro: "Para o sujeito não há outra realidade que não ele mesmo..."

Se a realidade do outro não é outra que não a realidade que eu mesmo sou, ainda assim é possível um "diálogo"?

A "comunicação" sem dúvida tornou-se inútil, a "comunhão" continua sendo desejável... assim como a contemplação compartilhada desse Uno que, silenciosamente, faz de nós "semelhantes" mantendo-nos "outros".

Força de união e de diferenciação que alguns chamarão de Real, Amor, Vacuidade e outros nomes contraditórios para dizer a mesma coisa... mas aqui já não há mesmo, não há outro, não há coisas, não há contradição, nem isto, nem aquilo...

Um claro silêncio nos envolve e é o diálogo dos astros num céu puro... "vazio" de interpretações...

É a esse diálogo que Gampopa nos convida? Sem dúvida silêncio demais o informa para que possa ser ouvido e esperado? No entanto essa apófase, essa *Gelassenheit*, essa liberdade com respeito a todas as nossas representações não é o descanso ou a sabedoria a que toda filosofia aspira?...

Conviria agora continuar a leitura de Gampopa: para dizer ou inventar "depois do diálogo" a melhor meditação ou a melhor prática a ser compartilhada – novamente teríamos de esclarecer: que isso depende de nosso intelecto, de seu desenvolvimento e de sua abertura e que, de certo modo, só podem viver juntos os que compartilham o mesmo nível de consciência... mas não é justamente esses "diferentes níveis de consciência" que se trata de convidar ao diálogo?; essas diferentes representações do mundo, que talvez não sejam "fracas", "passáveis" ou "superiores", mas simplesmente diferentes? Todas necessárias, todas inúteis...

Encerrar-se num determinado "nível de consciência" é sempre estar em encerramento ou no "inferno"[12], também aqui só o diálogo pode nos devolver ao Aberto... esse diálogo começa no interior de nós mesmos, no respeito a nossos diferentes níveis de realidade; dos mais carnais aos mais espirituais; de nossas mais estritas lógicas a nossos mais loucos sonhos, sem esquecer nossas mais sábias intuições e nossos mais sábios silêncios, e o Espaço infinito no qual aparecem e desaparecem esses pensamentos e as mil e uma coisas; o Uno inumerável...

A conclusão de Gampopa é abrupta e... ética! Tanto a meditação como o diálogo, se verdadeiros, só podem levar a uma transformação do homem: "Para os três níveis de intelecto, o melhor indício do progresso espiritual ou da maturidade é a diminuição progressiva das paixões obscurecedoras e do egoísmo".

A melhor das filosofias é, sem dúvida, a filosofia que nos torna melhores...

---

12 O original francês traz um trocadilho intraduzível (*enfermement* = fechamento, encerramento; *enfer* = inferno [N.T.].

Uma viagem ao Tibete nos torna particularmente sensíveis à grande diversidade do budismo ou "dos" budismos: o que há de comum entre o Buda histórico e seu ensinamento rigoroso sobre a impermanência de todas as coisas, o encadeamento das causas e dos efeitos (carma) e o abandono à graça de Tcherenzi? Ou o que há de comum entre a observação atenta de seus pensamentos e a visualização colorida de Mandalas complexos e de budas abraçando seus paredros? Deve-se preferir a representação tranquila do buda Sakyamuni ou a representação irada e aterradora do buda Heruka? Um budista tibetano nos faria compreender que, "irado" ou "benevolente", sempre se trata do Buda – ou seja, de uma reprodução do despertar em suas variadas manifestações –, mas sempre irrepresentáveis, porque "não nascido – não feito – não composto".

No cristianismo dos primeiros séculos não se encontravam "representações" de

Cristo, também no budismo original não se representava o Buda, mas um trono vazio sob uma árvore, onde, segundo nos diz a tradição, um ser humano despertou para sua natureza infinita, ou para a Vida que ele "era" num momento preciso, num lugar particular cujas marcas ninguém guardou (as relíquias, os lugares sagrados serão "inventados"; ou seja, etimologicamente "virão ao dia": *in-venire* muito mais tarde).

A história dos budismos nos lembra a evolução de três grandes escolas que surgem sucessivamente, cada uma com sua representação específica do Buda e do caminho que leva a compartilhar sua condição de desperto...

Fala-se de *hinayana*, de *mahayana* e de *vajrayana*.

A palavra *yana* geralmente é traduzida por veículo: pequeno (*hina*) veículo, grande (*maha*) veículo e veículo do diamante (*vajra*). Há quem prefira falar em Escola ou em vias, caminhos: Escola dos antigos, Escola do caminho do meio (*madyamika*), via tântrica (ou via dos ritos e dos meios hábeis).

Os sábios tibetanos consideram todos os ensinamentos atribuídos a um Buda (a um Espírito Desperto), os sutras e os tantras, como sendo *buddhavacana*, palavras autênticas, adaptadas ao nível da consciência de cada um.

Encontramos entre os primeiros cristãos essas três "etapas" clássicas que transmitem as palavras e as práticas úteis aos "iniciantes" (via purgativa), depois aos "progredidos" (via iluminativa) e finalmente aos "realizados", perfeitos (via unitiva).

Essa visão tradicional e "hierarquizada" da evolução da consciência só faz lembrar a "ordem" da natureza: uma célula não pode "economizar" átomos e partículas que a precederam e que passam a constituí-la, assim como uma frase não pode existir sem as palavras e as letras que a tornam possível.

A "perfeição" não deve ser pensada como "superioridade", mas como realização e maturidade, realização e superação da simples ética do "despertar par si", do *hynayana* (via purgativa) na devoção ou religião do "despertar para todos" do *mayahana* (via iluminativa). Essa devoção e essa religião, por sua vez, devem se cumprir e ser superadas pela realização do Estado de Despertar, "sempre presente em todos os seres, do *vajrayana* e do *Dzogchen* (via unitiva).

Pretender ter realizado o "Estado de Despertar" e levar uma vida sem ética (sem lei) e sem compaixão (sem fé e sem graça) corre o grande risco de ser uma ilusão e uma presunção.

Um discurso espiritual ou uma representação da espiritualidade, aplicados sobre um corpo habitado por angústias, pretensões e invejas, o que é senão um "sepulcro caiado"?

O objetivo de todos esses ensinamentos e práticas não é nos tornar "perfeitos" ou "despertos" aos olhos dos outros, mas nos tornar seres normais, maduros e naturais: livres, felizes e amantes.

Isso só é possível "deixando ser" em nós a Realidade livre, bem-aventurada e amante, da qual nos tornamos gradualmente ou subitamente (via abrupta) "participantes" ("participantes da natureza divina", dirá São Pedro em sua epístola).

A escola Nyingmapa do Tibete, segundo Namkhai Norbu[13], classificou os ensinamentos do Buda de maneira mais precisa em nove veículos progressivos:

I

Os Stravakas: ouvintes ou adeptos do Hinayana – é a via do Buda histórico e do primeiro discurso no parque das gazelas em Sarnath, perto de Benares. É o "primeiro ciclo dos ensinamentos", a exposição das quatro verdades nobres e do caminho óctuplo.

---

13 Cf. NORBU, N. *Le Cycle du jour et de la nuit*. Paris: J.-C. Lattès, 1998.

É por aqui que se deve começar:

1) A observação de Dukka – Tomar consciência do sofrimento e da impermanência, em nós, nos outros e no mundo.

2) A observação de Tanha – Descobrir uma das causas do sofrimento, no desejo e no apego a realidades transitórias e efêmeras, que só podem nos decepcionar se esperamos delas a felicidade, a liberdade e a paz que não podem nos dar.

3) Nirvana – Saber que existe um estado de paz e de libertação, um não nascido, não feito, não composto... Sem a realidade dessa grande "vacância", não haveria solução para o nascido, feito, composto, o trabalho sem fim dos encadeamentos de causas e efeitos (carma) não teria descanso, estaríamos encerrados (no inferno) no Samsara.

4) Dharma – Tomar o caminho para chegar ao *Nirvana* ou libertação. "É o nobre caminho óctuplo; ou seja: a visão justa, o

pensamento justo, a ação justa, a palavra justa, os meios de existência justos, o esforço justo, a atenção justa, a concentração justa."

Em poucas palavras, aí estão todos os elementos de uma ética rigorosa e salvadora, todos os elementos de uma "via purgativa", pois trata-se de se libertar ou se "purificar" de tudo o que é injusto, seja "em pensamento, em palavras ou em ações".

É a própria prática da Lei, Dharma (ou Thora), que "orienta" o comportamento do ser humano para a "adequação" de sua realidade relativa à Realidade "que é assim" (*Tathagata*) ou "que é o que ela é" (YHWH). Embora estando no primeiro estágio ou na primeira etapa no caminho do Despertar (*hinayana* – os iniciantes), alguns dirão que essas quatro verdades nobres são suficientes para conhecer o Despertar ou até mesmo apenas a "primeira":

Verificar com seriedade a impermanência do que chamo "eu" ou o mundo pode me levar, de fato, a um estado de não crispação, de não apego ao que é, e, nessa profunda distensão do corpo, do coração e do espírito, posso entrar numa vacância infinita que se revela luz e compaixão. Posso continuar a viver uma vida de acordo com minha essência desperta, nada haverá a realizar, apenas ser Presença.

O segundo veículo segundo a tradição Nying-mapa é o das *pratyekabuddha* ou o da budeidade (estado de Despertar) realizado por si e para si – em que não nos limitamos a escutar e compreender os ensinamentos do Buda, trata-se de os "provar" e, de certo modo, de "usufruir" deles na solidão.

Ao comportamento ético justo vêm acrescentar-se práticas de meditação ao mesmo tempo rigorosas e saborosas (para os que persistem), como *Vipassana* ou *Anapasanti*.

Observar seus pensamentos, suas emoções, sua respiração – "observar sem julgar", pode levar ao Despertar. Nossos pensamentos, se os observarmos, desaparecem (não imediatamente!), resta então a observação. Quando os "objetos" de consciência (exteriores ou interiores) se apagam, permanece a Consciência. Como eles nunca se apagam completamente, mais vale aceitá-los, estando consciente da Consciência na qual eles aparecem e desaparecem (cf. as nuvens num céu sempre puro).

Shravakas e *pratyekabudda* – esses dois veículos formam juntos o que comumente se chama de *Hinayana*, ou pequeno (primeiro) veículo, pequeno no sentido de que apenas se buscam a libertação e o despertar de um só.

Acaso não é o bom-senso que nos indica que "despertar bem ordenado começa por si mesmo", pretender trabalhar no despertar dos outros sem ser um desperto acaso não é impostura?

O Mahayana explicará, no entanto, que buscar o despertar para si mesmo é um beco sem saída, ser um *arhat* tem pouco valor; ser livre, desperto, quando os outros não o são – de que serve?

Trata-se de buscar seu próprio despertar, não apenas por si mesmo, mas pelos outros. Também isso tem a ver com o bom-senso. O objetivo é sempre o mesmo, os métodos (*upayas* – meios hábeis) para vivê-lo e conhecê-lo é que podem mudar.

O terceiro veículo é o dos *bodhisattva*. *Bodhisattva* tem vários sentidos, como o de um ser já desperto para a Realidade última, libertado da ignorância, de todo apego e de todos os sofrimentos, mas habitado pela compaixão, ele continua a operar pelo bem-estar de todos os vivos; isto é, por sua libertação e seu despertar. O discernimento e a compaixão que o habitam fazem com que ele não possa "preocupar-se" com sua própria beatitude. Sua felicidade e a dos outros não são separadas; para ele, ser feliz é "todos serem felizes", ser desperto é "todos serem despertos", ele já não se vive como corpo individual, mas como consciência coletiva e cósmica; por extensão será chamado *bodhisattva* todo ser em busca de despertar, com essa preocupação pelo coletivo e pelo cósmico, por desenvolver a *boddhicitta* ou o "espírito de despertar" não apenas por si mas por todos os seres, firme decisão de alcançar o estado de *bouddha* pela salvação de todos.

Estamos aqui no *Mahayanq* ou "grande veículo"; a preocupação com sua própria libertação e sua própria felicidade (o que doravante será considerado "pequeno", se for apenas isso) é substituída pela preocupação com todos os seres, para que eles se libertem do *Samsara*, das consequências negativas de seus atos pessoais e coletivos.

Considera-se a compaixão, unida à sabedoria e ao discernimento, como maior *maha* um veículo (*yana*) de uma Realidade mais justa e mais ampla... Os ensinamentos atribuídos ao buda histórico referentes a essa etapa são os que teriam sido pronunciados na montanha dos abutres, em Rajgir e em outros lugares. Esses discursos constituem seus segundo e terceiro ciclos de ensinamentos, ao longo dos quais ele expôs o conhecimento transcendente (*prajnaparamita*) e os ensinamentos concernentes à realidade apreendida como Espírito ou Consciência e nada mais (*cit-tamatra*). Dessas duas séries de discursos nascerão duas escolas filosóficas: o *madhyamika*, que ensina o caminho do meio ou a libertação das afirmações extremas.

Por exemplo: afirmar que Deus ou a matéria "existem" ou que Deus ou a matéria não existem não tem sentido – pode-se perder muito tempo para provar a existência tanto de um como da outra sem nunca o conseguir, ou para negar a existência tanto de um como da outra sem jamais o conseguir –, o que é, é – nem isto, nem aquilo – nem ser, nem não ser.

O espírito permanece então em simples escuta e abertura, presença atenta ao que existe, "assim". Igualmente, afirmar a existência do ego ou do eu é um beco sem saída e permanece indemonstrável, negar a existência do ego ou do eu também é um beco sem saída e permanece impossível, não se pode negar o eu pelo eu, negar o espírito pelo espírito. Na tradição cristã, a via apofática dos primeiros séculos terá a mesma linguagem, particularmente Dionísio o teólogo:

> A Realidade escapa a todo raciocínio, a toda apelação, a todo saber; ela não é treva, nem luz, nem erro, nem verdade; dela absolutamente nada se pode afirmar nem negar; quando fazemos afirmações ou negações que se aplicam a realidades inferiores a ela, dela mesma nada afirmamos e nada negamos (DIONÍSIO O TEÓLOGO. *Teologia mística*, IV e V, PG 3, 1.047-1.048).

As frases antinômicas e os paradoxos são o estilo próprio do *Madyamika* e da teologia apofática:

> – Dieu – Deus – Diès (a clara luz) não tem nome e tem todos os nomes.
> – Ele não é nada do que é e é tudo o que é.
> – Só o conhecemos pelo desconhecimento.
> – Toda afirmação, assim como toda negação, está aquém de sua transcendência.
> Em resumo: "Ele é o Mistério que está além de Deus;
> O inefável, aquele que é nomeado por tudo,
> A afirmação total, A negação total,
> O além de toda afirmação e de toda negação.
>
> (*Nomes divinos*, II, 4, P.G. 3,641)

A via apofática, portanto, não é apenas uma teologia negativa. A Realidade absoluta está além da negação e da afirmação; ou seja, além do funcionamento dual do espírito: nem isto, nem aquilo.

Ver a Realidade como ela é – esse é também o objetivo da segunda grande escola do *Mahayana*, o *Yogacara*. Ver a Realidade como ela é, para o *Yogacara*, é considerá-la nem objetivamente – ela não é objetivável – nem subjetivamente, ela é sempre mais do que aquilo que um sujeito finito pode perceber dela. A Realidade não é nem objetiva (consciência de alguma coisa), nem subjetiva (consciência da consciência que percebe alguma coisa), mas pura Consciência...

Se não há sujeito, tampouco há objeto. Dizer que a realidade não tem nada de objetivo nem nada de subjetivo não é dizer que ela não é "nada", mas que talvez seja melhor contemplá-la ou acolhê-la sem nada projetar nela. A realidade, tal como ela é, é "vazia" de todas as projeções ou "representações" nas quais gostaríamos de captá-la. A prática do "não captar" e do deixar ser (*Gelassenheit*, diz Mestre Eckhart) permite nos aproximarmos dela...

Outro método, estranho ao *Hinayana* ou pequeno veículo, mais centrado na ascese e na ética, na meditação, na atenção às respirações e aos pensamentos, assim como ao encadeamento das causas e dos efeitos; esse outro método familiar ao *Mahayana* é o dos "atos de fé". Aqui o buda já não é considerado um ser histórico do passado, mas uma realidade interior, um estado de despertar, e trata-se de acreditar que esse estado de despertar existe e de levar uma vida em conformidade ou em harmonia com esse estado: uma vida desperta.

A passagem do *Hynayana* para o *Mahayana* corresponde, na história do judeu-cristianismo, à passagem da lei para a fé. Somos salvos ou libertados por nossos atos, pela pureza e pela integridade de nossas obras? Ou pela fé no que em nós é maior que nós e que só é capaz de nos fazer agir de maneira desinteressada (desinteressada até de nossa própria salvação) e justa?

Acreditar que há em nós o Amor que foi encarnado por Cristo, confiar totalmente nele, deixá-lo amar e agir através de nossos pensamentos, nossas palavras e nossos atos? "Já não sou eu que vivo, é Cristo que vive em mim."

Seguindo São Paulo, muitas vezes se opôs a fé à lei; equivale a esquecer que a fé, como a amor, "realiza a lei", só se ultrapassa o que se alcançou, só se é livre do que se integrou.

A fé nos permite integrar a lei sem outro esforço ou ato de vontade que não o abandono de nosso esforço e de nossa vontade própria. Amar Deus, Sua encarnação, Sua Presença em nós. Escutar o que ele nos inspira e fazer o que queremos... uma vez que o que queremos é o que ele quer.

Nas tradições budistas mais elaboradas do *Mahayana*, além de se acreditar na presença do Estado Desperto (do Buda) em nós como sendo nossa verdadeira natureza, também sua Presença será visualizada sob diferentes formas, cores e qualidades a fim de integrar essas qualidades ou sabedorias a nosso próprio corpo, nossa própria palavra e nosso próprio espírito e levar assim uma vida de compaixão e de despertar para o bem-estar de todos os seres vivos.

O quarto veículo segundo a tradição tibetana é o *Kriyatantra*, cuja prática exige um número considerável de atividades rituais. A palavra *Kriya* significa, de fato, "ação ritual" – o objetivo dessas "ações" ou dessas práticas é a transformação e a purificação do corpo, da palavra e do espírito. O *Kriyatantra* supõe uma grande energia, uma compreensão exata dos rituais e uma fidelidade a eles assim como uma fé muito grande. O objetivo é que através dessas purificações e dessas transformações rituais subsistam em nós apenas o buda, o estado de perfeita compaixão e de grande sabedoria.

O quinto veículo é o do *Caryatantra*. A palavra *Carya* significando "conduta", ele é constituído por numerosas condutas ou comportamentos, não só rituais como também cotidianos, sendo o objetivo sempre a transformação e a purificação do corpo, da palavra e do espírito, mas de maneira mais intensa e ininterrupta.

Do mesmo modo distingue-se no cristianismo a via comum, cujos fundamentos são a fé, a prática de uma vida justa (ética) e a participação nas liturgias transformadoras (ritos), e a via "religiosa" ou monástica.

Aos fundamentos da vida comum, serão acrescentadas práticas mais íntimas, como a atenção à Respiração (*pneuma*), a abertura do coração, a prece perpétua (cf. as diferentes tradições contemplativas: o hesicasmo no Oriente, a mística renana e carmelitana no Ocidente e os diferentes tipos de práticas (*tantra*) de orações e de meditação propostas).

O sexto veículo é o do *Yogatantra*, que consiste particularmente nas visualizações. Trata-se de, através das representações de diferentes "deidades" ou de mandalas, entrar na realidade do mundo que Henri Corbin chama de "imaginal" ou que Platão e outros filósofos ou psicólogos (Jung) reconhecem como o mundo das ideias e dos arquétipos, em sua origem mundos sensíveis nos quais vivemos (as plantas do arquiteto são em sua origem casas que habitamos, não são destruídos quando nossas paredes desmoronam).

Na tradição cristã, com certeza há os ícones cuja simbologia é tão rica quanto a dos mandalas, mas há também a "visitação" dos mundos "angelicais" ou mundo da "consciência intermediária" (entre a consciência sensível e a consciência pura), mundos das imagens benevolentes (anjos) ou iradas (demônios) que nos estimulam, nos tentam, nos provam ou nos consolam, para nos fazer avançar no caminho. Esses anjos são considerados (como os *paramitas* no budismo) qualidades do Único Real inefável, participações mais ou menos coloridas, mais ou menos intensas em sua infinita Presença.

Namkai Norbu explica que os ensinamentos pertencentes aos tantras foram revelados por Vajrasattva, dimensão trans-histórica, *Sambhogakaya*, da budeidade.

Não encontramos explicitamente nos evangelhos "históricos" as práticas ascéticas e místicas que serão desenvolvidas posteriormente e atribuídas a Cristo, através das visões, das audições recebidas através das contemplações pessoais. Tampouco encontramos nos ensinamentos do Buda histórico as diferentes técnicas desenvolvidas na tradição posterior, no entanto as consideramos como ensinadas pelo Buda, percebido em sua realidade intermediária, imaginal ou arquetípica. O ensinamento recebido pelo arquétipo (mestre interior ou não encarnado) será considerado tão válido quanto o recebido pelo personagem histórico (mestre exterior).

Com as três últimas "etapas" – *mahayoga*, *anuyoga* e *atiyoga* –, entramos no que se generalizou sob o nome *Vajrayana* ou veículo do diamante.

> O método dos tantras superiores é a via da transformação propriamente dita. Eis, aliás, uma comparação tradicional que ilustra nossa afirmação. O praticante hînayânista percebe no caminho que andaria sobre a planta venenosa das paixões; evita-o porque conhece os efeitos do veneno dessa planta. O praticante do *mahâyâna* que tomou o mesmo caminho e deu com a mesma planta não tem medo de tocá-la pelo fato de conhecer seu antídoto. Sabe como se purificar de seu

> veneno dissolvendo-o na vacuidade durante sua meditação para torná-lo inofensivo. Enfim, no mesmo caminho, o praticante do *vajrayâna*, diante da mesma planta venenosa, não tem o menor medo e nem hesita em comer seu fruto, pois sabe transformar o veneno em pura ambrosia. Aqui, portanto, o método é a transmutação alquímica do veneno das paixões, no vaso sanguíneo do nosso corpo, em elixir de sabedoria da presença desperta. Esse sistema culmina no *mahâyoga*, quando se completa a experiência da inseparabilidade da aparência e do vazio[14].

O espaço e as mil e uma coisas que aparecem nesse espaço não são separados, a consciência e os objetos de consciência no *mahâyoga* são percebidos em sua inseparabilidade ou não dualidade.

O oitavo veículo ou *Anuyoga* insiste no processo de perfeição, ou sensação da vacuidade plenitude.

Sunyata (sânscrito), *stong pa ayid* (tibetano), é geralmente traduzido por "vazio" ou "vacuidade". *Sunya* vem da raiz "*su*" que

---

14 *Ibid.*, 1998, p. 28.

significa "inflar", "inchar", como o ventre de uma mulher grávida.

Sunyata também descreve um estado de plenitude. Fazer-se oco para ser preenchido pelo outro, fazer lugar, dar espaço, efetivamente criar vazio para que o Outro o habite. Trata-se de unir a experiência de um oco, de um vazio, de uma vacuidade e, ao mesmo tempo, a experiência do que preenche esse oco, essa vacuidade: uma Plenitude.

Concretamente, na prática do *anuyoga* trata-se de "esvaziar" o corpo de sua densidade material ou grosseira para "enchê-lo" de energia e de clara luz. Isso supõe um conhecimento preciso dos diferentes canais físicos e psíquicos (*nadis*) que constituem o corpo humano. A realização da imaterialidade do corpo humano ou realização do "corpo arco-íris"[15] é a realização de raríssi-

---

[15] No momento da morte, p. ex., o meditante não deixa "vestígios" de seu corpo; às vezes, apenas as unhas e alguns fios de cabelo.

mos lamas e supõe o treinamento e a graça de toda uma vida.

Alguns farão uma comparação com os corpos ressuscitados – passagem de um corpo que vive nas "frequências" da matéria para um corpo que vive nas "frequências" da luz, sabendo que matéria e luz são polaridades de uma única e mesma realidade. A criatura (e portanto o corpo material) sendo a velocidade mais lenta da luz, a luz (e portanto o corpo de luz ou "corpo arco-íris") sendo a velocidade mais pronta e rápida da matéria.

O que para uns pode aparecer como poesia, mística ou especulação vã pode ser, para outros, tema de exercício e de observação. Encontraremos no *anuyoga*, portanto, uma prática concreta de transfiguração ou de "ressurreição dos corpos"..., sendo inútil dizer que esta é transmitida apenas de mestre qualificado para discípulo qualificado e que não é encontrada nos livros.

Vem, finalmente, o nono veículo, considerado o mais elevado pela tradição tibetana: o *atiyoga* ou *dzogchen*, que significa "grande perfeição".

No *dzogchen*, as visualizações das deidades e dos mandalas, assim como o yoga dos canais e das energias sutis, já não são necessárias, o método último do *dzogchen* não é a renúncia, nem a purificação, nem a transformação, como nos sutras e nos tantras, mas a descoberta de que somos livres, despertos desde sempre. O essencial é atingir "espontaneamente" um estado de presença atenta, de abertura para "o que é", sem ter praticado previamente nenhum exercício (que de certa maneira modifica nossa natureza original, naturalmente desperta).

Este é um tema que encontramos também na gnose verdadeira ou etapa última das diferentes religiões da humanidade; a imagem recorrente é a do diamante (*vajra*) ou da pérola, mergulhados na lama, mas que não são alterados pelas matérias que os envolvem. O diamante e a pérola continuam ouros, como o céu que não é perturbado pelas tempestades ou pelas nuvens que o habitam.

Chegar à "consciência azul" do céu é libertar-se dos condicionamentos da "matéria cinzenta". Encontrar a pérola preciosa ou o diamante, a *hésychia* ou paz interior, eis o tesouro, o único necessário: "a graça"...

As dez coisas que foram as mais úteis se tornam supérfluas:

> • Depois de realizar que o espírito é silêncio por natureza, já não é necessário escutar ou meditar os ensinamentos religiosos.
> • Depois de realizar que o espírito é incorruptível por natureza, já não é necessário buscar a absolvição de seus pecados.
> • Também já não é necessária a absolvição para quem permanece no estado de quietude mental.
> • Para quem atingiu o estado de pureza absoluta, já não é necessário meditar sobre o caminho ou sobre os meios de avançar por ele, uma vez que seu objetivo foi atingido.

- Depois de realizar que os conhecimentos são ilusórios e irreais por natureza, já não é necessário meditar sobre o estado de não conhecimento.
- Depois de realizar que as paixões obscurecedoras são ilusórias e irreais por natureza, já não é necessário buscar seu antídoto.
- Depois de realizar que todos os fenômenos são ilusórios, é supérfluo buscar ou rejeitar o que quer que seja.
- Depois de reconhecer que a aflição e o infortúnio são bênçãos, é supérfluo buscar a felicidade.
- Depois de reconhecer que sua própria consciência é inata por natureza, já não é necessário praticar a transferência de consciência.
- Se em tudo o que se faz busca-se apenas o bem dos outros, já não é necessário buscar no que se faz qualquer vantagem para si mesmo[16].

O céu, o diamante, a pérola – estão sempre presentes. Somos livres, salvos desde sempre. Trata-se simplesmente de sabê-lo, de sermos um com o que conhecemos, nada há a querer, nada a procurar.

---

16 Cf. GAMPOPA. *Op. cit.*, p. 58.

Como procuraríamos a vida que somos?, a consciência que somos?, "o primeiro passo que damos na direção de Deus é o primeiro passo que nos distancia dele". O objetivo de todos os nossos esforços e de todos os nossos exercícios é o de nos fazer tomar consciência de que nossos esforços e nossos exercícios são inúteis...

Convém dizê-lo aos "iniciantes" (*hinayana* – via purgativa), aos "progredidos" (*mahayana* – via iluminativa)?

Não haverá o risco de que isso tenha efeitos perversos (laxismo, preguiça etc.)? Não será preciso já estar purificado e transformado para compreendê-lo? Não há nada a atingir, é no próprio momento em que Siddharta Gautama cessa de procurar o Despertar que ele se torna Buda, o Desperto.

Conta-se que no fim de sua vida, por ocasião de uma contemplação e de um despertar particularmente intenso, Tomás de Aquino, cuja obra era imensa, teria dito:

"tudo o que escrevi, todos os comentários das Escrituras, as 'sumas teológicas', os escritos filosóficos... tudo isso é apenas palha".

Alguns, às vezes, utilizarão essas palavras para se dispensar de qualquer estudo e justificar sua ignorância – não será isso esquecer que é a palha que carrega o cereal? Não foi preciso um trabalho árduo para chegar a esse puro momento de abandono? Não foram necessárias ao Buda as longas asceses, as explorações dos extremos que não o levaram a lugar algum para descobrir o caminho do meio e a presença do Despertar ali, sem esperar, sentado silenciosamente...?

Por que querer ir ao céu?
Nunca iremos ao céu...
Estamos nele.

Não podemos ir a nenhum outro lugar que não seja o lugar em que estamos desde sempre e para sempre.

Pode uma nuvem ir a outro lugar que não o céu de onde vem? Ela pode fazer um pequeno desvio pela terra, fecundar alguns campos, mas logo o sol a chamará de volta a seu lugar.

A condensação e a evaporação de todas as coisas estão em curso.

Desenvolver-se e desaparecer pertencem ao mesmo movimento.

Não basta se calar para conhecer o Silêncio? Parar de fazer ruído, está presente o silêncio, sempre esteve, sempre estará, mas... como parar de fazer ruído? Ou como fazer ruído sabendo que o silêncio está presente? Chegando à última etapa, assim voltamos a nosso ponto de partida.

Dzochen e *atiyoga* não estão separados do *hinayana*, pois saber que o silêncio, a vacuidade, o Absoluto, o infinito real, Deus, o Si, o desconhecido, o Sem Nome existe não é tê-lo "realizado".

Há uma longa distância entre saber que "o Ser é" (YHWH) e saboreá-lo, ou, como dizia Agostinho de Hipona: "entre saber que Deus existe e amá-lo de verdade".

Sem dúvida, já não tenho necessidade de "crer" que o silêncio existe, eu o sei, eu o sou, mas ao mesmo tempo descubro que não basta parar de fazer "ruído com a boca", o ruído dos pensamentos continua...

Descubro que não basta "parar o ruído dos pensamentos" (*citta vritti nirohda,* que é o objetivo do Yoga, segundo Patanjali), há ainda o ruído do sangue, o ruído do coração, o ruído de minha própria existência...

Como parar esse ruído?

É o objetivo do *Mahyoga*.

Descubro que não basta parar o ruído de minha própria existência, o próprio cosmo é um ruído, a própria existência é um ruído.

Como parar esse ruído?

Não há que pará-lo, nos diz o *dzogchen,* há que aceitá-lo, esse ruído é o próprio Silêncio, esse corpo imperfeito é a própria perfeição, o finito está no infinito – em que outro lugar poderia estar?

Compreende-se melhor a humildade dos grandes sábios – talvez seja preciso chegar ao termo para descobrir que ainda estamos no começo – talvez seja preciso estar no cume da montanha para descobrir que ainda estamos "embaixo", com os pés no chão e no céu...

Namkhai Norbu esclarece:

> Os tantras do dzogchen não emanam diretamente do buda histórico Shâkyamouni, que viveu e ensinou no norte da Índia, há cerca de dois mil e quinhentos anos. Todavia, a budeidade, em outras palavras, o princípio do despertar, não pode limitar-se a um ponto específico do tempo e da história. Não é como se alguém tivesse atingido a budeidade de uma vez por todas, num certo dia, e que só nos restasse preservar as tradições que brotaram desse acontecimento. Nossa salvação não depende da fé num acontecimento histórico. A budeidade é de fato "algo primordial". Mas ela está para sempre, e igualmente, presente no coração de cada um dos seres animados como seu potencial de despertar e de libertação. Não há nenhum ser animado que não seja buda em potencial. Entretanto, apesar de

> sua onipresença, aqui e agora, no decorrer de vidas imemoriais, nosso potencial de despertar se recobriu de véus emocionais e cognitivos. No entanto, essa budeidade está constantemente presente, como o sol que nunca abandona o céu, mesmo quando as nuvens o escurecem. Dissipadas as nuvens, o sol aparece em toda a sua claridade.
> Do mesmo modo, quando nossos véus se dissolvem, nossa budeidade essencial, que até então não tínhamos reconhecido, manifesta-se espontaneamente e torna-se visível em seu esplendor e sua glória[17].

Assim é também para o "gnóstico" na tradição cristã; segundo Clemente de Alexandria e o Evangelho de João, "o Logos que é a luz que ilumina todo homem vindo a este mundo" não se manifesta apenas num momento preciso da história, em Jesus de Nazaré, mas está presente no coração de todos os homens, "nele (dirá São Paulo), temos a vida, o movimento e o ser". Nossa salvação não depende de um acontecimento histórico, mas de um Acontecimento eterno e de Sua presença no âmago do tempo. O ensinamento de Yeshua de Nazaré vem nos lem-

---

17 Cf. NORBU, N. *Le Cycle du jour et de la nuit. Op. cit.*, p. 31.

brar o que somos desde sempre – "onde está 'Eu Sou' quero que estejais também".

São Máximo Confessor esclarece que nossa fé, nossa adesão afetiva e inteligente não se detém em Jesus de Nazaré ou Jesus Cristo, o que seria apenas uma fé e uma adesão psíquica, mas nossa fé, nossa adesão vai até o Logos e o princípio de onde vem o Logos, e é essa fé, essa adesão ao "Eu Sou quem é" (YHWH) em cada um de nós e em tudo o que vive e respira que nos desperta, nos salva e nos liberta.

São Paulo acrescentará: "Ele é a Plenitude (*Pleroma*) do Ser que preenche tudo em todos".

Onde poderia ser nosso lugar senão no *Pleroma*?

Estar onde estamos no instante em que estamos nos une à infinita Presença. Para o gnóstico, estar em seu lugar é estar salvo, e em toda parte estamos em nosso lugar, não podemos estar em outro lugar. Uma onda pode estar em outro lugar que não o oceano?

Hinayana, mahayana, vajrayana são três maneiras de tomar consciência do Real presente em toda parte e sempre.

1) Pela prática de uma ascese ou pela observação de uma lei (*dharma*, *Thora*).

2) Pela fé (adesão afetiva e imaginal) na Presença já desperta e libertada em todo ser.

3) Pela gnose (adesão contemplativa e silenciosa) ou "deixar Estar" – o Real presente por toda parte e sempre.

Essas três vias correspondem também a três maneiras de utilizar nosso cérebro.

1) O *Hynayana* (para os iniciantes) corresponde a uma utilização comum; ou seja, binária e racional de nosso cérebro. Há o que é verdadeiro, o que é falso, o que

é bem, o que é mal, o que é positivo, o que é negativo etc. Dessa percepção de si e do universo decorrem uma ética e um comportamento racional e rigoroso, atento ao encadeamento das causas e dos efeitos (carma). A exigência moral é grande, "colhe-se o que se semeia", é o reinado da responsabilidade, da justiça e da lei, é o despertar da consciência "diurna".

2) Segundo o *Mahayana* (progredidos), podemos também utilizar nosso cérebro de maneira menos restritiva, ou racional. Ele também é capaz de imaginação, de sonhos. A vida humana não se desenrola apenas de dia, a noite é igualmente importante. Ao lado de nossa consciência "diurna", trata-se de despertar também a consciência "noturna" que nos ensina não apenas através da lógica e da razão, mas através das imagens, dos símbolos, dos sonhos, das sincronicidades. Os corpos nos aparecem então menos como

objetos do que como presenças. Ao lado da realidade física do mundo, nos tornamos sensíveis à sua realidade energética, em que predomina, não mais a lei dos opostos e do terceiro excluído, mas a lei dos complementares e do terceiro incluído.

Essa atitude nos torna capazes de fé, de abertura para o invisível e de aceitação de certas realidades que já não pertencem à ordem do explicável ou ao âmbito do encadeamento das causas e dos efeitos. A fé cumpre a lei, mas a ultrapassa e nos torna permeáveis à graça. O "clima" do *Mahayana* pode ser tão "científico" quanto o do *Hinayana*, mas aberto ao religioso, ao espiritual...

A razão e a afetividade, o discernimento e a compaixão, o masculino e o feminino, o dia e a noite não são opostos, mas complementares, como o buda e seu paredro intimamente enlaçados dos *tonkas* tibetanos.

3) *Vajrayana* (rumo à completude). Também podemos, pela meditação, pela dança, pelos mantras, pelos rituais e por outras práticas, mas também pelo não pensar, não agir, não querer, induzir em nosso cérebro um estado de calma, que se revela seu estado mais natural e mais são, quando não é perturbado por nenhum pensamento ou nenhuma representação. Já não se trata, então, da utilização racional ou imaginal de nosso cérebro, já não se trata de fé, nem de razão, mas de um além dos dois que os integra, trata-se de uma utilização contemplativa ou silenciosa, não "cognitiva" do cérebro, o que nas tradições se chama de gnose ou sabedoria (*prajna*)...

Talvez ainda exista uma quarta via que não contraria mas integra, sucessivamente ou conforme as circunstâncias, a razão, a imaginação e o silêncio, a lei, a fé e a gnose. Nosso cérebro reage "ao que é" do modo adequado; a ética mais estrita não se opõe à maior liberdade. A palavra não apaga o Silêncio e vice-

-versa, o esforço e a graça são as duas asas necessárias ao pássaro para se elevar, depois se fundir, depois desaparecer no puro Espaço...

Esses três *yanas* ou três veículos próprios da tradição budista que pusemos em ressonância com determinados elementos da tradição cristã são considerados, na tradição budista, em íntima relação com os três *kayas* ou três corpos do Buda:

- *Nirmanakaya* ou "corpo histórico" – Siddharta Gautama (correspondente ao ensinamento do *Hinayana*).
- *Shambogakaya* ou "corpo desperto" – Aquele cuja *boddhi* está desperta: o Buda (correspondente ao ensinamento do *Mahayana*).
- *Dharmakaya* ou "corpo do Despertar" – A budeidade pela qual tudo é despertado (correspondente ao ensinamento do Vajryana).

Seria possível pormos em ressonância esses três corpos do Buda com os três corpos de Cristo:

- "Corpo histórico" – Yeshua de Nazaré.
- "Corpo messiânico, crucificado, ressuscitado" – Jesus Cristo.
- "Corpo-vida eterna" – o Logos pelo qual tudo existe.

Mas não seria demasiado casual estabelecer uma correspondência de cada um desses corpos com um corpo doutrinal ou corpo social, uma Igreja?

1) *Hinayana* (iniciantes – via purgativa), Yeshua de Nazaré, corpo histórico, "*scriptura sola*"?

Abordagem racional, científica dos evangelhos fundadores. Exigência ética, Cristo modelo de humanidade e de perfeição, homem notável – homem livre – rabino – hermeneuta – Terapeuta – profeta – homem justo.

Não é esse o Cristo transmitido por certas igrejas protestantes e certos exegetas católicos romanos?

2) *Mahayana* (progredidos – via iluminativa). Corpo messiânico, crucificado ressuscitado. Jesus Cristo, não só profeta, mas aquele que os profetas anunciam; Jesus Messias – Jesus Senhor – Jesus Salvador – Redentor.

"Só a Escritura" não basta, ela é considerada elaboração e fruto de um magistério que é o único a deter sua interpretação correta. Exigência ética, no entanto submetida não apenas à lei, mas à fé e à graça. Exigência de justiça, mas também de misericórdia, métodos de oração mental e prática dos sacramentos.

Não é esse o Cristo transmitido em certas igrejas protestantes e no catolicismo romano?

3) *Vajrayana* (rumo à completude – via unitiva). Corpo-vida eterna. Jesus, "Verbo

encarnado": "luz que ilumina todo homem vindo a este mundo". Logos pelo qual tudo existe, "Eu Sou", alfa e ômega, O que era – que é – que vem.

Só a Escritura não basta, nem o magistério romano. É toda a tradição que escreve e interpreta as escrituras (os evangelistas e os padres da Igreja), abertura do cânone para os textos apócrifos (cf. iconografia).

Exigência ética, baseada numa mística (um estado de união com o próprio princípio da justiça e da misericórdia).

Métodos que favoreçam essa união (prece do coração, hesicasmo, sacramentos).

Teologia gnóstica e apofática (Clemente, Dionísio, Gregório, Máximo etc.).

Não é esta via que transmitem, ainda hoje como ontem, as Igrejas ortodoxas?

Conforme nossa "maneira de ver" ou conforme nossa maneira de utilizar nosso cérebro, a Realidade nos aparece diferente: esse "ponto de vista" estaria na origem de nossas diversas interpretações do que é o ser humano, o mundo, seu começo e seu fim; na origem, também, de nossas diversas religiões e tradições, e numa mesma tradição o fundamento menos ou mais elaborado desse mesmo cérebro engendraria diferentes caminhos: éticos, religiosos (devocionais) ou gnósticos.

Isso nos leva a nos indagarmos sobre a "natureza" da realidade que já não pode ser vista independentemente da Consciência que a percebe (observador e observado não são separáveis).

O que aparece como "verdadeiro" num nível de realidade ou num nível de consciência já não o é num outro nível de realidade ou num outro nível de consciência.

Haveria, então, uma verdade relativa e uma verdade absoluta?

Se tomarmos como exemplo a realidade que chamamos de água, sua "verdadeira" realidade é ser "sólida" como gelo, "líquida" como um rio, "brumosa" como uma névoa ou uma nuvem? Sua "verdadeira" realidade não é também a água "evaporada"? Não subsiste então apenas o insubstancial, o céu puro...?

Diremos que a verdade relativa da água é o gelo, o rio, a nuvem... e que sua verdade absoluta é o céu?

O que é "verdadeiro" para o gelo (que parece sólido) já não o é para o rio (que parece líquido) e não o é para a neblina (que parece um vapor)... de onde vem "a água"? Para onde ela retorna, qual é sua fonte, qual é seu céu?

Prosseguindo o pensamento induzido por essa metáfora, seria possível dizer que "a realidade" para alguns parece "sólida", lógica, racional, analisável; só "parece"... a lei da causa e do efeito funciona nesse nível de realidade, mas já não funciona da mesma maneira num outro nível de Consciência ou segundo outro modo de percepção, em que a realidade já não nos aparece como sólida (matéria), mas como líquida (energia)...?

Num outro nível de Consciência ou segundo outro modo de percepção, a realidade já não nos aparecerá nem como sólida, nem como líquida, mas como "brumosa", nem como matéria, nem como líquida, mas como um pensamento ou como um sonho...

O que é o mais Real? Diremos que o mais Real é quando a Realidade já não é percebida nem como sólida, líquida ou vaporosa, mas como "evaporada" ou como "vazia"?

É isso que tenderão a pensar as tradições contemplativas ou gnósticas das diversas religiões do mundo[18]; disso resultarão consequências éticas e práticas na transmissão das doutrinas e dos ritos de cada uma dessas religiões.

Tomemos como exemplo "a lei do carma", ou lei da causa e do efeito, que acarreta

---

18 O filósofo que diz "pensar o mundo", e não um Ser separado dele, deverá esclarecer: Que mundo? Que percepção do mundo? E esclarecer também o que é o Ser do mundo quando este se "evaporou" como a água que se "acreditava" ser dura como gelo!

a crença na reencarnação ou na justa retribuição de nossos atos num mundo intermediário (purgatório, céu ou inferno). Essa lei não é mais verdadeira num outro nível de realidade apreendido por outro nível de consciência ou outro modo de percepção: seria colocar limites à infinita misericórdia de um Absoluto considerado Puro Amor e infinita compaixão...

O que é verdade num momento de nossa evolução e dos conhecimentos que temos nesse momento já não é verdade num outro momento. Nossa percepção e nossa consciência mudaram, a realidade já não nos parece a mesma; já não podemos acreditar no que antes acreditávamos firmemente. A reencarnação nos aparece então como uma explicação dependente de uma consciência e de uma lógica particular.

Os sábios realizados (*Jivan Mukta*) já não podem acreditar na reencarnação, eles entraram em outro plano de consciência ou num outro nível de realidade em que a lei da causa e do efeito já não funciona – isso não quer dizer que a neguem. Ao contrário, reconhecem sua necessidade num certo nível do desenvolvimento espiritual em que a consciência moral e o senso da responsabilidade devem ser despertados: não se pode fazer uma coisa qualquer, tudo o que se faz tem consequências, nesta vida ou em outra, é a afirmação de que existe uma justiça e de que "se colhe o que se semeia".

Essa justiça imanente pode ser representada sob forma de "juízo final" ou de reencarnação. É o mesmo nível de realidade, a mesma verdade expressa de modo diferente, mas será essa a verdade "toda"?

O testemunho deles afirma um estado de consciência, um nível de realidade "livre" em relação a essas leis. Quando interrogado a respeito de suas "vidas futuras" e do lugar aonde iria depois da morte, Ramona Maharshi respondia: "Vou para onde 'Estou' desde sempre". Ele não se enredava nem em especulação sobre os mundos intermediários nem em preocupações referentes à sua próxima encarnação.

De onde lhe viria essa preocupação? De um ego, sem dúvida, que exige "subsistir" não apenas nesta vida, mas sempre e sempre em vidas futuras.

Para quem teve a experiência da insubstancialidade do ego, de onde proviria essa preocupação? De onde proviria uma questão como a da reencarnação? Ela já não se coloca, ele permanece simplesmente onde é o Espaço, no "céu" interior e exterior... Onde está o "Eu Estou", quando toda visão sólida, liquida, brumosa de si mesmo se "evaporou" e a essência do "Eu", tal como a essência da água, revelou-se em sua insubstancialidade que contém tudo.

Cada um habita uma certa visão do mundo e às vezes tenta fazer dessa habitação e dessa visão uma filosofia, uma religião, uma moral ou uma política que deseja compartilhar com os outros, e isso é bom... Se essa habitação não se impõe como a norma e se essa visão não se impõe como a verdade, o diálogo das hermenêuticas está em andamento.

As visões "sólidas" da Realidade (materialistas) podem dialogar com as visões "líquidas" ou "fluidas" da realidade (física quântica), mas também com as visões "imagéticas", "de sonho", "brumosas", às vezes dos poetas, dos religiosos e outros exploradores do inconsciente; quanto à visão "vazia" ou "evaporada" do Real, os místicos, os sábios e os gnósticos que a experimentam decerto serão acusados de habitar um "trasmundo", ao passo que eles habitam a própria essência do mundo, sua "insubstancialidade" que os instrumentos mais científicos e os modos de percepção ou de funcionamento mais elaborados do cérebro começam a pressentir.

Eles habitam o Espaço invencível, o Silêncio imaculado, que nenhum conceito, nenhum "mosquito" jamais conseguirá "picar". É um "golpe duro" para tudo o que foi imaginado como "sólido"!

Há razão para dizer que "o ar dos cumes é irrespirável", qual "caixa" torácica poderia contê-lo? Não se pode ver Deus sem morrer, sem morrer para um certo modo limitado de percepção e de representação do Real – só o infinito pode conhecer o infinito – só o Espaço insubstancial...

Conecte-se conosco:

f facebook.com/editoravozes

◉ @editoravozes

𝕏 @editora_vozes

▶ youtube.com/editoravozes

◯ +55 24 2233-9033

www.vozes.com.br

Conheça nossas lojas:

www.livrariavozes.com.br

Belo Horizonte – Brasília – Campinas – Cuiabá – Curitiba
Fortaleza – Juiz de Fora – Petrópolis – Recife – São Paulo

EDITORA VOZES LTDA.
Rua Frei Luís, 100 – Centro – Cep 25689-900 – Petrópolis, RJ
Tel.: (24) 2233-9000 – E-mail: vendas@vozes.com.br